Gran libro bilingüe Montessori

Actividades ideadas por Lydie Barusseau,
educadora

LAROUSSE

Créditos fotográficos

Fotliacom ©: a799ss; Absemeto; ahmety34; Albachiaraa; Aleksandra Mikhailecccc; alestraza; alex cardo; andrew_rybalko; Anna Velichkovsky; anpannan; Arrows; ayutaka; barmaleeva benchart; Bienchen; blueringmedia; booka; brgfx; Snan Goff; cocone; connynka; Darya; davidteamen; designation; Deux Rondo; dikobrazik; djvstock; eduardrobert; Elena Abrazhevich; elvetica; Fandorina Liza; fireflamenco; fofo*; Françoise M; galkinkirill; girafchik; gmm2000; grafnata; grey_ant; Gstudio Group; Haer; Handies Peak; He2; ihork; ilyabolotov; Iryna; Dobrovyns'ka; ivector; japanezka; jemastock; julia_january; juliars; kagera; kankhem; kartoxjm; keko-ka; kontur-vid; koshenyamka; lightgirl; lil_22; logistock; macrovector; makc76; margolana; Marina Zlochin; MarinaMays; marinavorona; MicroOne; mila_endo; mix3r; moonkin; moryachok; mything; Neyro; nezezon; oleg7799; olegganko; opka; pandavector; panitialapon; Peter Hermes Furian; PF-Images; platinka; puaypuayzaa; pyty; ReachDreams; redlinevector; rhoeo; robu_s; rondabroc.com; Seamartiní Graphics; shendart; shopplaywood; shorena ted; spinetta; ssstocker; stockdevil; sudowoodo; suerz; thesimplesurface; topvectors; val_iva; valeri_si; Vasileva; Vectorvstocker; viktorijareut; vil1605; wectorcolor; Wissanu99; ya_mayka; yavi; ylivdesign; zionbalkon; zzuve.

Shutterstock.com ©: asantosg; Rashad Ashurov; Visual Generation; Vector Market; meinlp; Fargon; chotwit piyapramote; besunnytoo; Ovocheva; Kazakova Maryia; Iconic Bestiary; Ksenya Savva; ColinCramm; Masa Marinkovic; andere andrea petrlik; Macrovector; rangsan paidaen; losw; Maxito; jehsomwang; Big Boy; Tashsat; Katata; KittyVector; cobalt88; Artshokolad; NPavelN; urfin; totallyjamie; Danilo Sanino; Skokan Olena; Ekaterina Zimodro; OlgaSiv; iaRada; T-Kot; MSSA; ARNICA; Svetlana Maslova; Dmitrieva A; Kakigori Studio; newcorner; Jemastock; Sarawut Padungkwan; Tomacco; BlueRingMedia; Chistyakova Julia; Anna Rassadnikova; Scherbinka; nataka; Pogorelova Olga; Yoko Design; Kasp Air; Rivan media; Barmaleeva; Spreadthesign; mything; moonkin; stockakia; vectorstockstoker; pichayasri; Ganna Bassak; Seamartini Graphics; Iconic Bestiary; zzveillust; Mascha Tace; lattesmile; Dakalova Iuliia; Sim Lev; nalinn; SVStudio; Tatsiana Tsyhanova; Ksenica; fresher; studioworkstock; Vea_blackfox; Chet; MuchMania; pichayasri; Artspace; lady-luck; Veleri; Victoria Sergeeva; MarinaDa; julymilks; Oleg7799; grmarc; Eisfrei; Alka5051; Jane Kelly; Viktorija Reuta; Nikiparonak; Marharyta Paviluk; Jackie Nishimura; Tribalium; Omela; Bienchen-s; Chikovnaya; Ksenia Loginovskikh; SergeiSki; Netta07; kernel panic; Fricke Studio; Art101; nikiteev_konstantin; Enache Dumitru Bogdan; Kachalova Kseniia; M.Stasy; flowerstock; Aratehortua; GraphicsRF; Media Guru; Iryna Stegniy; VectorPot; mhatzapa; Pushkin; Kauriana; Reamolko; Nadzeya Dzivakova.

EDICIÓN ORIGINAL
Dirección de la publicación: Carine Girac-Marinier
Dirección editorial: Julie Pelpel-Moulian
Edición: Léa Combasteix, con la colaboración de Viviane Magnin
Dirección artística: Uli Meindl
Diseño gráfico: Audrey Izern y Les PAOistes

EDICIÓN PARA MÉXICO
Dirección editorial: Tomás García Cerezo
Gerencia editorial: Jorge Ramírez Chávez
Traducción: Imma Estany
Adaptación: Diego Cruz Hernández
Adaptación de portada: Nice Montaño Kunze
Coordinación de salida y preprensa: Jesús Salas Pérez

D.R. © MMXXI Ediciones Larousse, S.A. de C.V.
Renacimiento 180, Col. San Juan Tlihuaca,
Azcapotzalco, México, 02400, Ciudad de México

Primera edición - Primera reimpresión

ISBN: 978- 607-21-2470-7 (México)

Impreso en México — *Printed in Mexico*

Este ejemplar se terminó de imprimir en febrero de 2022,
en Comercializadora de Impresos OM S.A. de C.V.
Insurgentes Sur 1889 Piso 12 Col. Florida
Álvaro Obregón, Ciudad de México.

En Hachette Livre México usamos
materias primas de procedencia
100% sustentable

CONTENIDO

INTRODUCCIÓN

Gran libro bilingüe Montessori va dirigido a niños de 3 a 6 años. Gracias a él, los niños descubrirán el inglés de una forma lúdica, progresiva y concreta. En efecto, la pedagogía Montessori, tanto en casa como en la escuela, se basa en experiencias sensoriales diversas vividas en un entorno adaptado, pero siempre vinculado a la vida real.

Gran libro bilingüe Montessori propone tres tipos de enfoques complementarios:

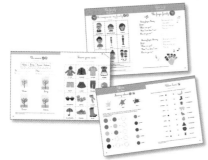

- **imaginarios** para utilizar con las tarjetas de vocabulario;

- **juegos para recortar** que favorecen la actividad del niño;

- **páginas de actividades** ideadas para fijar o consolidar los nuevos conocimientos.

Las páginas con imaginarios del libro deben utilizarse junto con las tarjetas de vocabulario, también llamadas tarjetas de nomenclatura. Se reforzó el papel de las tarjetas que corresponden al léxico más afectivo para el niño a fin de permitir una utilización más intensiva. Puedes agrupar las tarjetas por temas y luego guardarlas en un sobre grande pegado al dorso del libro.

Maria Montessori utilizaba una técnica muy eficaz para ayudar a los niños a memorizar palabras nuevas: la "lección en tres tiempos". El niño escucha las palabras nuevas, luego le piden que señale la imagen o el objeto que designa la palabra que escuchó y, por último, se le pide que repita el nombre del objeto o de la imagen.

Así pues, se precisarán tres tiempos sucesivos en torno a las imágenes:

 Listen and touch: el niño escucha las palabras presentes en el imaginario y señala con el dedo las imágenes correspondientes a esas palabras.

 Touch and say: durante una audición posterior, el niño coloca la tarjeta de vocabulario de colores encima de la ilustración en blanco y negro correspondiente y pronuncia la palabra en inglés. Esta etapa de la memorización a menudo es la más larga.

 What is it?: una vez el vocabulario de la imagen se ha memorizado, el niño elige una tarjeta de vocabulario entre las nueve del tema estudiado y pronuncia la palabra. Cuando se ha superado esta etapa, ¡el vocabulario ya se ha memorizado del todo!

 Descargar las palabras pronunciadas en inglés, así como las canciones infantiles, es muy sencillo:
1. Accede a la página web ellibrero.com/montessori.
2. Descarga los archivos de sonido clicando en el botón Descargar audios.

Para consolidar estas palabras nuevas, a lo largo del libro se proponen numerosos juegos y ejercicios que permitirán al niño desarrollar sus aptitudes sensoriales, profundizar su conocimiento del mundo, así como adquirir el vocabulario fundamental de la lengua inglesa. Algunos de los juegos y ejercicios se basan en un conjunto de pequeñas tarjetas que puedes guardar en un sobre, que pegarás al libro, junto a las reglas del juego. Esta organización de las actividades favorece la repetición, que es un elemento importante en el aprendizaje. Haciendo una actividad varias veces, tu hijo refuerza sus conocimientos, desarrolla la concentración, su gusto natural por el trabajo y la confianza en sí mismo.

"Ayúdame a hacerlo solo" es uno de los principios básicos de la pedagogía Montessori. Para fomentar la autonomía del niño frente a las diferentes situaciones propuestas, cada consigna está codificada por un pictograma 👍 ❓ ✂️ 🔍 ✏️ . Sin embargo, cuando tu hijo trabaje en el libro, procura estar con él siempre que puedas. Tu apoyo y la ayuda que le puedes prestar son muy importantes, sobre todo cuando se trata de descubrir una lengua viva.

La motivación del niño es un componente fundamental en su aprendizaje. Si se muestra muy interesado por un tema, déjalo "navegar" libremente por el libro. Los diferentes enfoques y el vocabulario se introducen de forma progresiva, pero al fomentar la repetición, tu hijo podrá volver a las actividades que en un principio le resultaban un poco complicadas.

Tanto si se trata de juegos para hacer juntos como si son actividades preparadas que invitan a "hazlo tú solo, como un niño mayor" o incluso con las canciones infantiles, ¡el placer y el entusiasmo serán sus mejores guías!

Lydie Barusseau
Maestra

My activity book

Mi libro de actividades

Me

Yo

Hello!

My name is ....

Pega aquí
tu foto

Mi imaginario: my body

Mi cuerpo

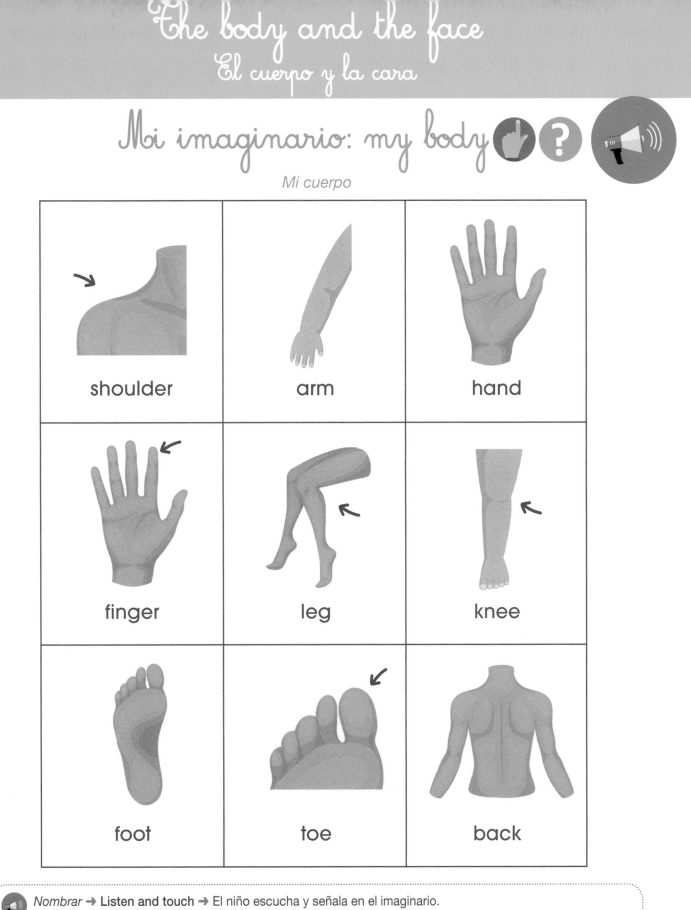

shoulder	arm	hand
finger	leg	knee
foot	toe	back

Nombrar → **Listen and touch** → El niño escucha y señala en el imaginario.
Descarga las palabras en ellibrero.com/montessori.

Señalar → **Touch and say** → El niño coloca la tarjeta de vocabulario encima de la imagen en blanco y negro y pronuncia la palabra.

Identificar → **What is it?** → El niño elige una tarjeta de vocabulario y pronuncia la palabra.

9

Parts of the body

Las partes de mi cuerpo

En cada imagen, colorea en rojo la parte del cuerpo indicada.

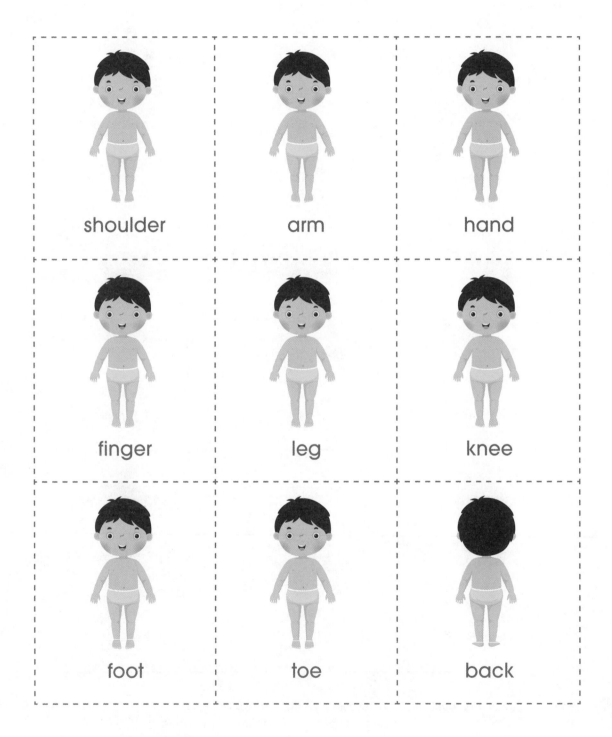

shoulder

arm

hand

finger

leg

knee

foot

toe

back

Pronuncia una palabra mientras muestras esa parte de tu cuerpo a tu hijo.

head	neck	ear
hair	eye	nose
mouth	tooth	cheek

Nombrar → **Listen and touch** → El niño escucha y señala en el imaginario.
Descarga las palabras en ellibrero.com/montessori.

Señalar → **Touch and say** → El niño coloca la tarjeta de vocabulario encima de la imagen en blanco y negro y pronuncia la palabra.

Identificar → **What is it?** → El niño elige una tarjeta de vocabulario y pronuncia la palabra.

En cada imagen, rodea en rojo la parte de la cara que se indica.

head

neck

ear

hair

eye

nose

mouth

tooth

cheek

Pronuncia una palabra mientras muestras esa parte de tu cara a tu hijo.

12

How are you?

¿Cómo estás?

I'm happy

Estoy contento

I'm fine

Estoy bien

I'm sad

Estoy triste

Let's play!

¡Vamos a jugar!

Pronuncia las diferentes emociones *he is happy, he is fine* y *he is sad*, y pídele a tu hijo que señale las imágenes a las que se pueden asociar.

How tall are you?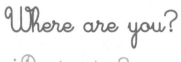

¿Cuánto mides?

Where are you?

¿Dónde estás?

Are you a boy or a girl?

¿Eres un niño o una niña?

I'm a ....

Pronuncia cada frase y pídele a tu hijo que la repita y que la responda. Luego anímalo a que rodee con un círculo la respuesta correcta.

14

Simon says ?

Simón dice...

Simon says...

...stand up!

...sit down!

Let's play!

¡Vamos a jugar!

Elige una tarjeta de vocabulario sobre el cuerpo o la cara e imítala después de decir: *Simon says: touch your...*
También puedes imitar las siguientes acciones después de decir: *Simon says...*

smile	cry	eat
paint	dance	wash
sleep	run	cook

Mixing colours

Mezclar colores

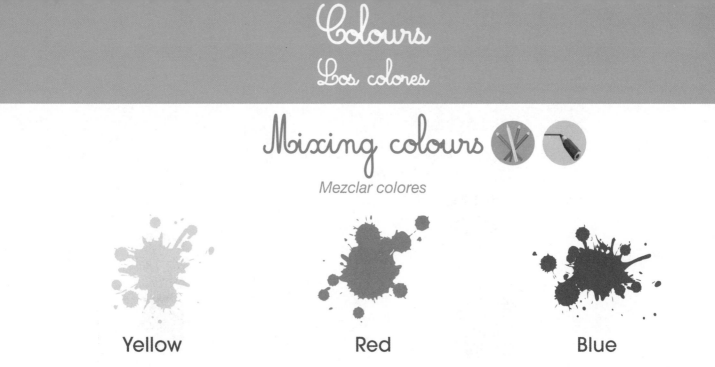

Yellow   Red   Blue

Adivina cuál será el color después de la mezcla y luego colorea la viñeta. A continuación, une el nombre del color con la mancha de pintura correspondiente.

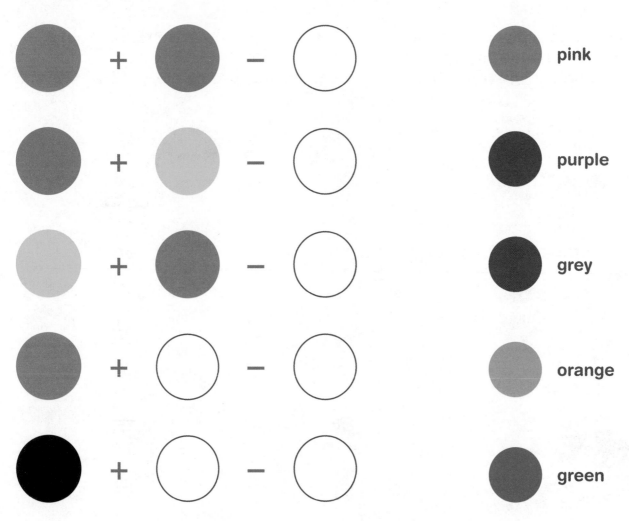

pink

purple

grey

orange

green

Colour hunt

Caza de colores

Nombra las imágenes y luego únelas con el color correspondiente.

purple	●	a banana
green	●	a sock
orange	●	a ladybird
pink	●	a pig
black	●	a rabbit
grey	●	an orange
yellow	●	a triangle
red	●	a lettuce
blue	●	an ant

Como complemento del juego, puedes pedir a tu hijo que forme frases con estos elementos, por ejemplo, *the banana is yellow.*

Sun game

El juego del sol

Pega aquí
tu sobre

Intenta hacer un sol con las tarjetas de la página 19. Para ello, elige las tarjetas según los colores, y luego, sobre cada rayo, ordena las tarjetas de una misma familia, desde el color más oscuro hasta el más claro.

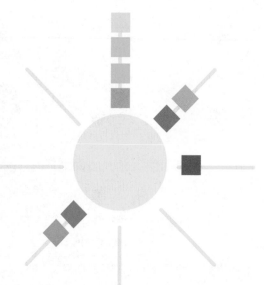

Sun game cards

Las tarjetas del juego del sol

En cada línea, pinta las tarjetas de la más oscura a la más clara, aclarando progresivamente el tono con un poco de pintura blanca. Luego recorta todas las tarjetas.

Mi imaginario: my clothes

Mi ropa

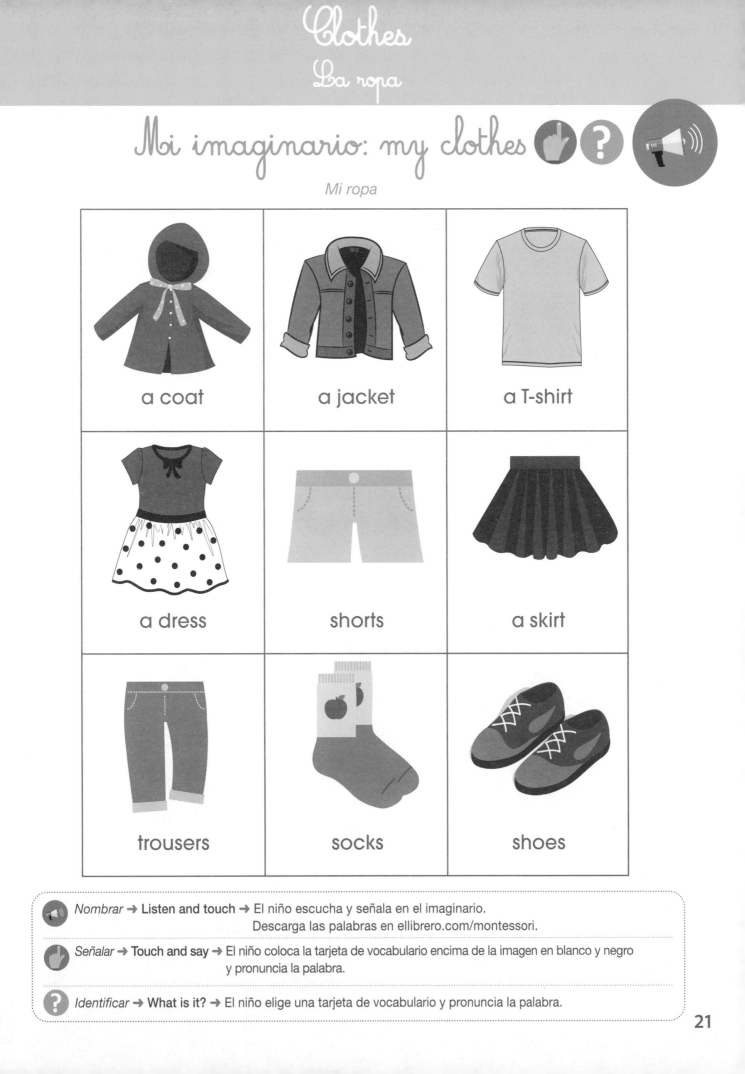

a coat	a jacket	a T-shirt
a dress	shorts	a skirt
trousers	socks	shoes

Nombrar → **Listen and touch** → El niño escucha y señala en el imaginario.
Descarga las palabras en ellibrero.com/montessori.

Señalar → **Touch and say** → El niño coloca la tarjeta de vocabulario encima de la imagen en blanco y negro y pronuncia la palabra.

Identificar → **What is it?** → El niño elige una tarjeta de vocabulario y pronuncia la palabra.

Mi imaginario: my accessories

Mis accesorios

a cap	sunglasses	gloves
a scarf	a hat	an umbrella
trainers	boots	tights

Nombrar → **Listen and touch** → El niño escucha y señala en el imaginario.
Descarga las palabras en ellibrero.com/montessori.

Señalar → **Touch and say** → El niño coloca la tarjeta de vocabulario encima de la imagen en blanco y negro y pronuncia la palabra.

Identificar → **What is it?** → El niño elige una tarjeta de vocabulario y pronuncia la palabra.

Tidy up your clothes! 👍❓

¡Ordena tu ropa!

Recorta las prendas de la página 25.
Elige algunas prendas, nómbralas y luego guárdalas en la maleta de Tom
o en la de Emma.

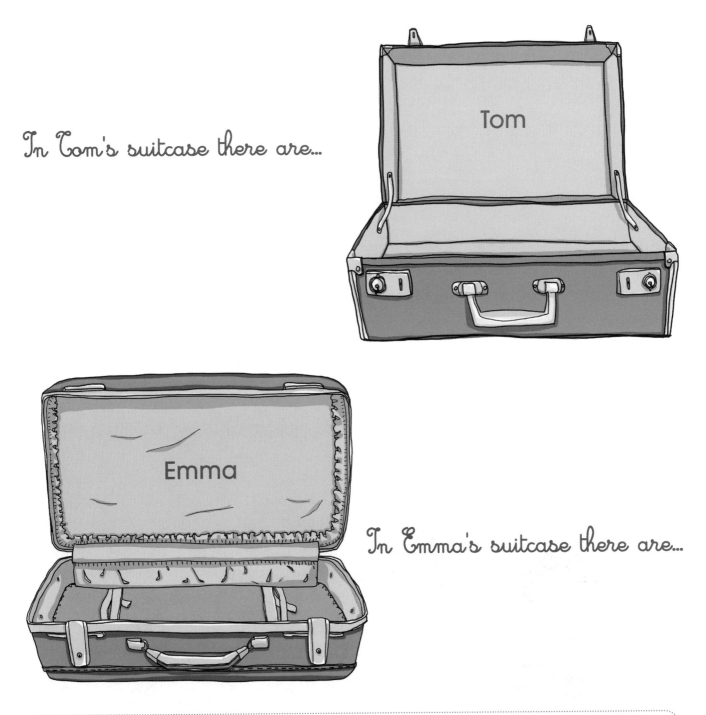

In Tom's suitcase there are...

In Emma's suitcase there are...

Pronuncia el nombre de cada prenda de vestir y cada accesorio, y luego forma una primera frase en inglés
para que tu hijo tenga un ejemplo.

Tidy up your clothes!

¡Ordena tu ropa!

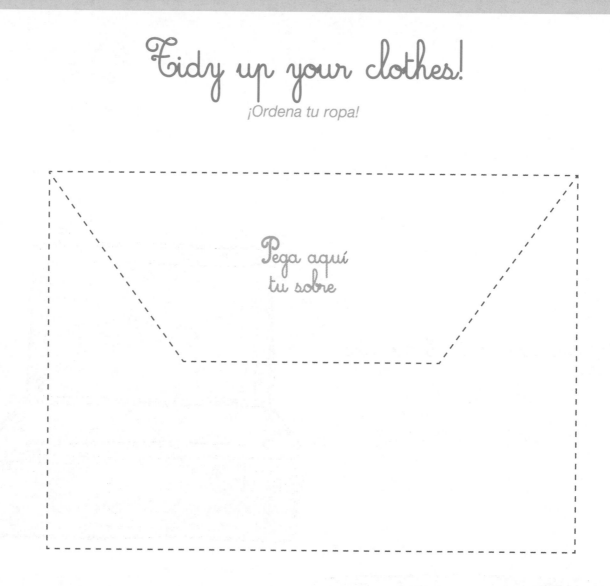

Pega aquí
tu sobre

Guarda las prendas de vestir del juego "Tidy up your clothes!" en este sobre.

"Tidy up your clothes!" cards

Las tarjetas del juego "¡Ordena tu ropa!"

Cock-a-doodle-doo

Cock-a-doodle-doo!
My dame has lost her shoe,
My master's lost
his fiddlestick
And knows not what to do.

Cock-a-doodle-doo!
What is my dame to do?
Till master finds his
fiddlestick
She'll dance without her shoe.

Cock-a-doodle-doo!
My dame has found her shoe
And master's found his
fiddlestick.
She'll now dance with
her shoe.

¡Quiquiriquí!
Mi señora perdió el zapato,
mi señor perdió su arco
y no sabe qué hacer.

¡Quiquiriquí!
¿Qué debe hacer mi señora
hasta que mi señor encuentre
el arco?
Bailará sin el zapato.

¡Quiquiriquí!
Mi señora encontró su zapato
y mi señor encontró
su arco.
Ahora ella va a bailar con
el zapato.

No olvides descargar la canción en inglés en ellibrero.com/montessori.

1 to 5 with the number rods

Del 1 al 5 con las barras numéricas

Let's count! ¡Vamos a contar!

One, it's one!

One, two ... it's two!

One, two, three ... it's three!

One, two, three, four ... it's four!

One, two, three, four, five ... it's five!

Touch and say!

¡Señala y luego pronuncia el número!

Pronuncia las cifras la primera vez, mostrándoselas a tu hijo, y luego acompáñalo en esta actividad.

One, two, buckle my shoe

One, two,
Buckle my shoe;
Three, four,
Open the door;
Five, six,
Pick up sticks;
Seven, eight,
Lay them straight;
Nine, ten,
A big, fat hen.

Uno, dos,
átame el zapato;
tres, cuatro,
abre la puerta;
cinco, seis,
recoge unas ramas;
siete, ocho,
ponlas todas rectas;
nueve, diez
una gallina bien gordita.

No olvides descargar la canción en inglés en ellibrero.com/montessori.

Mi imaginario: my family

Mi familia

grandfather | grandmother | mother

father | aunt | uncle

brother | sister | cousin

Nombrar → **Listen and touch** → El niño escucha y señala en el imaginario.
Descarga las palabras en ellibrero.com/montessori.

Señalar → **Touch and say** → El niño coloca la tarjeta de vocabulario encima de la imagen en blanco y negro y pronuncia la palabra.

Identificar → **What is it?** → El niño elige una tarjeta de vocabulario y pronuncia la palabra.

The finger family

"Daddy finger, Daddy finger,
Where are you?"
"Here I am, here I am!
How do you do?"

Papá dedo, papá dedo,
¿dónde estás?
¡Estoy aquí, estoy aquí!
¡Encantado!

"Mummy finger, Mummy finger,
Where are you?"
"Here I am, here I am!
How do you do?"

Mamá dedo, mamá dedo,
¿dónde estás?
¡Estoy aquí, estoy aquí!
¡Encantada!

No olvides descargar la canción en inglés en ellibrero.com/montessori.

Who is it?

¿Quién es?

Draw your family

Dibuja a tu familia

Who are they?

¿Quiénes son?

This is my ....

Este/a es mi ....

How many sisters or brothers do you have? ?

¿Cuántas hermanas o hermanos tienes?

I have ....   I have no ....

Tengo ....   *No tengo ....*

Basándote en el contenido del dibujo, haz preguntas a tu hijo y deja que responda.

Today

Hoy

Yesterday	Today	Tomorrow

The week

La semana

Monday	Tuesday	Wednesday	Thursday	Friday	Saturday	Sunday

Today is ....

Hoy es ....

The weather

El tiempo

It's sunny
Está soleado

It's cloudy
Está nublado

It's snowing
Está nevando

It's raining
Está lloviendo

Pronuncia estas palabras y estas frases, y luego pídele a tu hijo que las repita.

The seasons 👆❓

Las estaciones

Winter	Spring	Summer	Autumn
Invierno	Primavera	Verano	Otoño

It's ....

Es ....

I love ....

Me encanta ....

Winter

Spring

Summer

Autumn

Pídele a tu hijo que señale las estaciones a la vez que pronuncia la palabra en inglés, y luego dile que forme frases con estos términos.

34

Seasons game cards

Las tarjetas del juego de las estaciones

a coat	a jacket	a T-shirt	a dress
shorts	a skirt	trousers	a cap
sunglasses	gloves	a scarf	a hat
an umbrella	trainers	boots	tights

a dress

a T-shirt

a jacket

a coat

a cap

trousers

a skirt

shorts

a hat

a scarf

gloves

sunglasses

tights

boots

trainers

an umbrella

Seasons game 👆❓

El juego de las estaciones

> Pega aquí
> tu sobre

Recorta las tarjetas de prendas de ropa de la página 35 y luego forma familias de prendas en función de las estaciones. Al final del juego, da la vuelta a las tarjetas para comprobar que asociaste cada prenda a la estación que le corresponde. A continuación, puedes nombrar cada prenda y añadir en qué estación la vas a usar.

Winter   Spring   Summer   Autumn

It's a cap, it's for summer.

Esta es una gorra, es para verano.

Let's celebrate!

¡Vamos a celebrar!

Une cada imagen con la fiesta a la que corresponde.

Happy Halloween!

Merry Christmas!

Happy Easter!

Pídele a tu hijo que una los elementos propios de cada fiesta con la casilla adecuada.

Mi imaginario: my house

Mi casa

the garden	the living room	the kitchen
the dining room	the stairs	the bedroom
the attic	the bathroom	the roof

Nombrar → **Listen and touch** → El niño escucha y señala en el imaginario.
Descarga las palabras en ellibrero.com/montessori.

Señalar → **Touch and say** → El niño coloca la tarjeta de vocabulario encima de la imagen en blanco y negro y pronuncia la palabra.

Identificar → **What is it?** → El niño elige una tarjeta de vocabulario y pronuncia la palabra.

Draw you in your house!

¡Dibújate en tu casa!

Where are you?

¿Dónde estás?

I'm in ....

Estoy en ....

Pídele a tu hijo que nombre las estancias que reconoce y luego que forme frases para decir dónde se dibujó.

a chair	a table	a couch
a carpet	curtains	a window
a door	a chimney	a cupboard

Nombrar → **Listen and touch** → El niño escucha y señala en el imaginario.
Descarga las palabras en ellibrero.com/montessori.

Señalar → **Touch and say** → El niño coloca la tarjeta de vocabulario encima de la imagen en blanco y negro y pronuncia la palabra.

Identificar → **What is it?** → El niño elige una tarjeta de vocabulario y pronuncia la palabra.

Hickory, Dickory, Dock

Hickory, Dickory, Dock!

The mouse ran up the clock.

The clock struck one,

The mouse ran down.

Hickory, Dickory, Dock.

¡Hickory, Dickory, Dock!

El ratón se subió al reloj.

El reloj dio la una.

El ratón se bajó.

¡Hickory, Dickory, Dock!

No olvides descargar la canción en inglés en ellibrero.com/montessori.

Mi imaginario: my bedroom 👆❓📢

Mi habitación

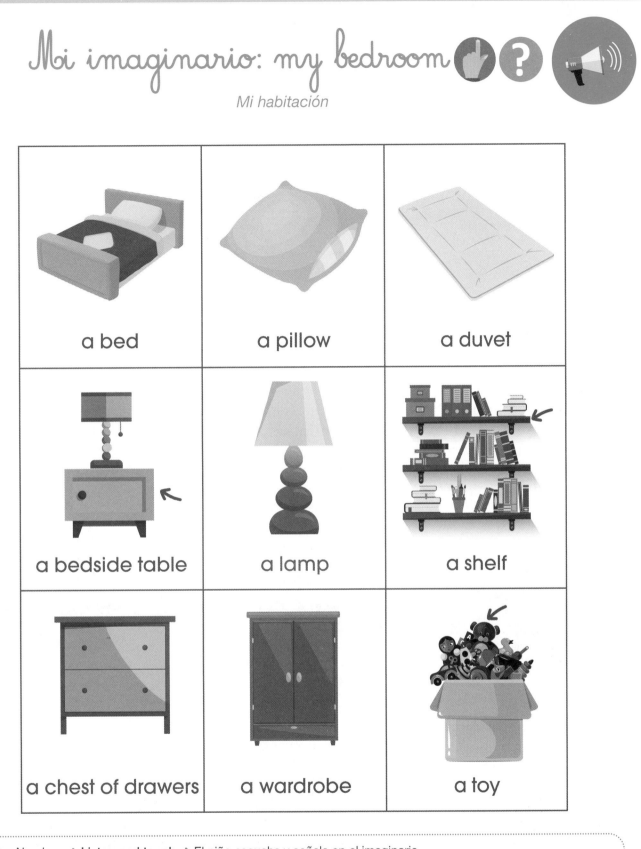

a bed

a pillow

a duvet

a bedside table

a lamp

a shelf

a chest of drawers

a wardrobe

a toy

Nombrar → **Listen and touch** → El niño escucha y señala en el imaginario.
Descarga las palabras en ellibrero.com/montessori.

Señalar → **Touch and say** → El niño coloca la tarjeta de vocabulario encima de la imagen en blanco y negro y pronuncia la palabra.

Identificar → **What is it?** → El niño elige una tarjeta de vocabulario y pronuncia la palabra.

Where is my toy?

¿Dónde está mi juguete?

Where is my toy?
¿Dónde está mi juguete?

It's in the box!
¡Está dentro de la caja!

Let's play!
¡Vamos a jugar!

Para este juego necesitas un juguete pequeño y una caja. Observa bien las palabras siguientes: te permiten decir dónde se encuentra un objeto. Coloca tu juguete en relación con la caja (encima, detrás, debajo...) y entonces dilo en inglés. A continuación puedes jugar a este juego colocando un peluche en diferentes lugares de tu habitación.

Under
Debajo

Over
Por encima de

On
Encima

In front of
Enfrente de

Behind
Detrás

Next to
Al lado de

44

New words ?

Nuevas palabras

¡Ya conoces muchas palabras! Aparecen en azul en el alfabeto. Poco a poco, podrás colorear todas las palabras que hayas memorizado.

a apple attic	**b** bed bedroom bathroom	**c** cat curtains cupboard	**d** dog duvet door dining room dress	**e** evening empty elephant
f fork fridge flower	**g** glass garden	**h** house hat	**i** in front of igloo	**j** jar jacket
k kitchen knife	**l** lamp living-room lion leaf	**m** moon morning mirror man	**n** nurse near night	**o** old open octopus
p plate pillow penguin	**q** queen	**r** rainbow	**s** stairs saucepan spoon	**t** toy table
u umbrella	**v** van violin	**w** window wardrobe water	**x** xylophone x-ray	**y** yo-yo
z zip zebra	**sh** shelf shorts shoes	**ch** chair chimney chest of drawers	**th** 3 thermometer three	**wh** wheel white

Pronuncia las palabras delante de tu hijo, y luego pídele que las repita. Cuando las haya memorizado, le puedes decir una letra y pedirle que la asocie a una palabra.

Sound game 👆 ❓

El juego de los sonidos

Pega aquí
tu sobre

Recorta las tarjetas de la página 47 y elige una al azar. Nómbrala insistiendo en el primer sonido de la palabra. Luego señala la letra que produce ese mismo sonido. Comprueba que asociaste la tarjeta con el sonido que le corresponde dando la vuelta a la tarjeta.

o	l	a	m	u	c
d	w	f	v	t	x
y	sh	p	ch	j	r
e	s	i	n	h	z
b	k	g	wh	q	th

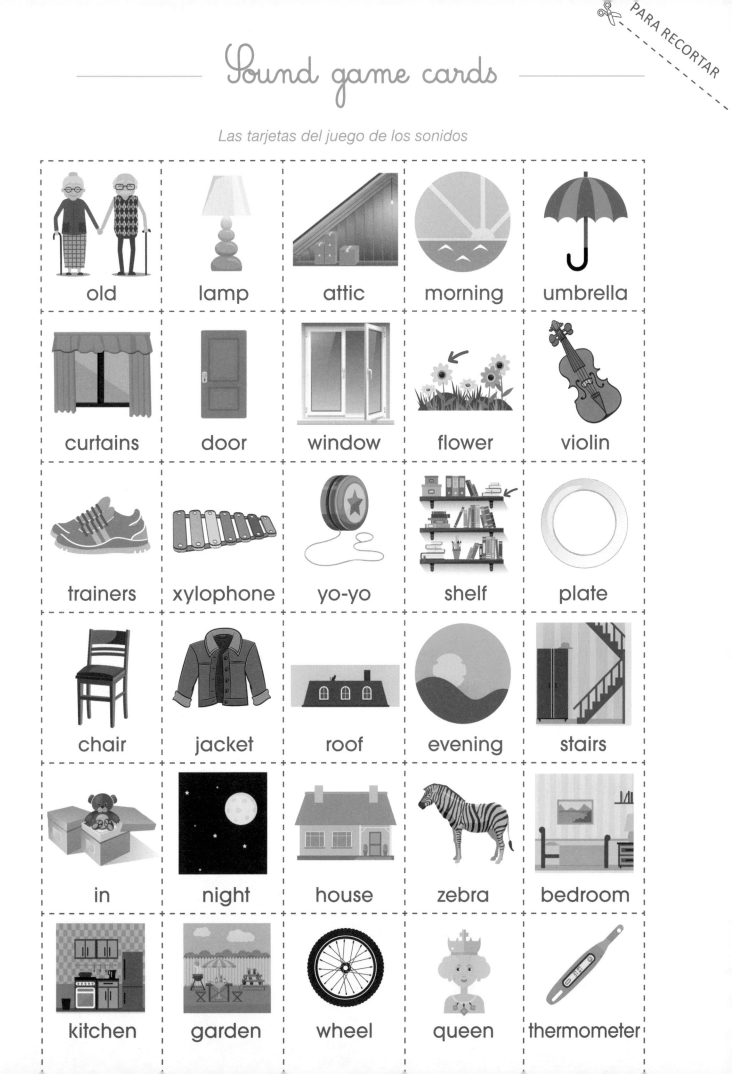

Sound game cards

Las tarjetas del juego de los sonidos

old	lamp	attic	morning	umbrella
curtains	door	window	flower	violin
trainers	xylophone	yo-yo	shelf	plate
chair	jacket	roof	evening	stairs
in	night	house	zebra	bedroom
kitchen	garden	wheel	queen	thermometer

u	m	a	l	o
v	f	w	d	c
p	sh	y	x	t
s	e	r	j	ch
b	z	h	n	i
th	q	wh	g	k

Mi imaginario: at breakfast

Para desayunar

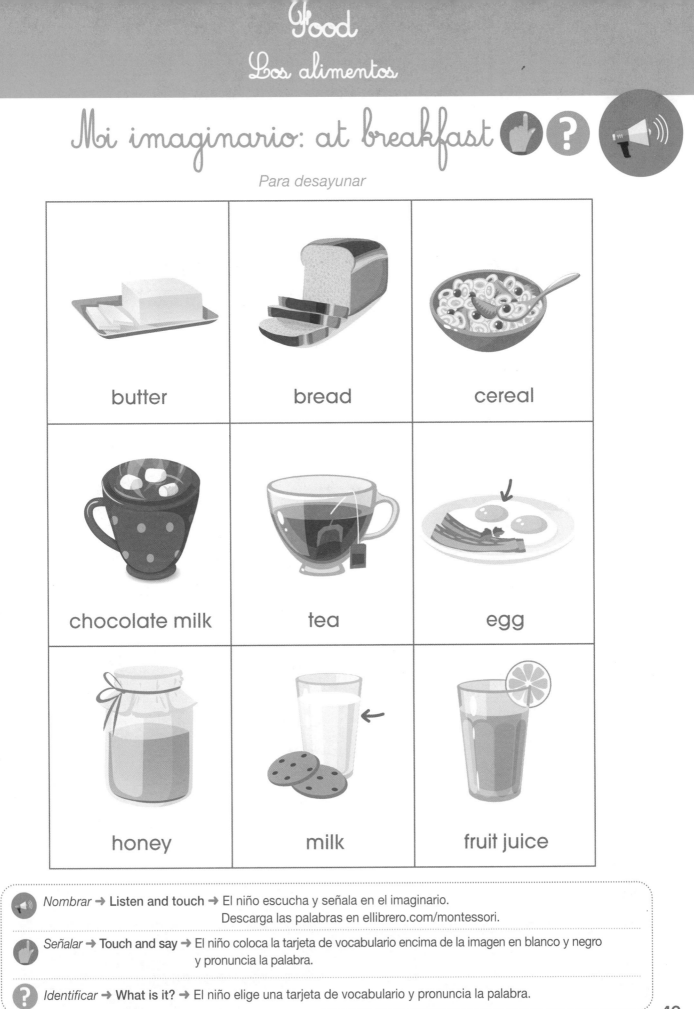

butter

bread

cereal

chocolate milk

tea

egg

honey

milk

fruit juice

Nombrar → **Listen and touch** → El niño escucha y señala en el imaginario.
Descarga las palabras en ellibrero.com/montessori.

Señalar → **Touch and say** → El niño coloca la tarjeta de vocabulario encima de la imagen en blanco y negro y pronuncia la palabra.

Identificar → **What is it?** → El niño elige una tarjeta de vocabulario y pronuncia la palabra.

Mi imaginario: at lunch and dinner

Para comer y para cenar

rice	pasta	chicken
fish	ham	vegetables
cheese	cake	yoghurt

Nombrar → **Listen and touch** → El niño escucha y señala en el imaginario.
Descarga las palabras en ellibrero.com/montessori.

Señalar → **Touch and say** → El niño coloca la tarjeta de vocabulario encima de la imagen en blanco y negro y pronuncia la palabra.

Identificar → **What is it?** → El niño elige una tarjeta de vocabulario y pronuncia la palabra.

"What a wonderful meal!" cards

Las tarjetas del juego "¡Qué comida tan deliciosa!"

"What a wonderful meal!"

"¡Qué comida tan deliciosa!"

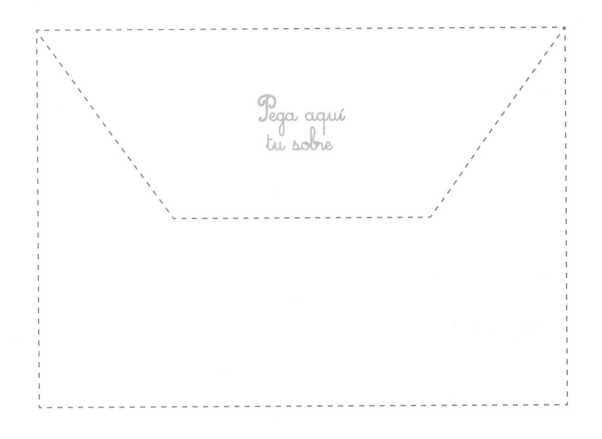

Pega aquí
tu sobre

Recorta las etiquetas de la página 51 y luego coloca los alimentos en los platos para componer una comida que conste de un plato y un postre. A continuación, nombra el contenido de cada plato ayudándote de los imaginarios *At breakfast, At lunch and dinner* y *Fruit.*

an apple

a banana

a cherry

grapes

a lemon

an orange

a pear

a strawberry

a peach

🔊 *Nombrar* → **Listen and touch** → El niño escucha y señala en el imaginario.
Descarga las palabras en ellibrero.com/montessori.

👆 *Señalar* → **Touch and say** → El niño coloca la tarjeta de vocabulario encima de la imagen en blanco y negro y pronuncia la palabra.

❓ *Identificar* → **What is it?** → El niño elige una tarjeta de vocabulario y pronuncia la palabra.

Let's count fruit ☝️❓

Contemos las frutas

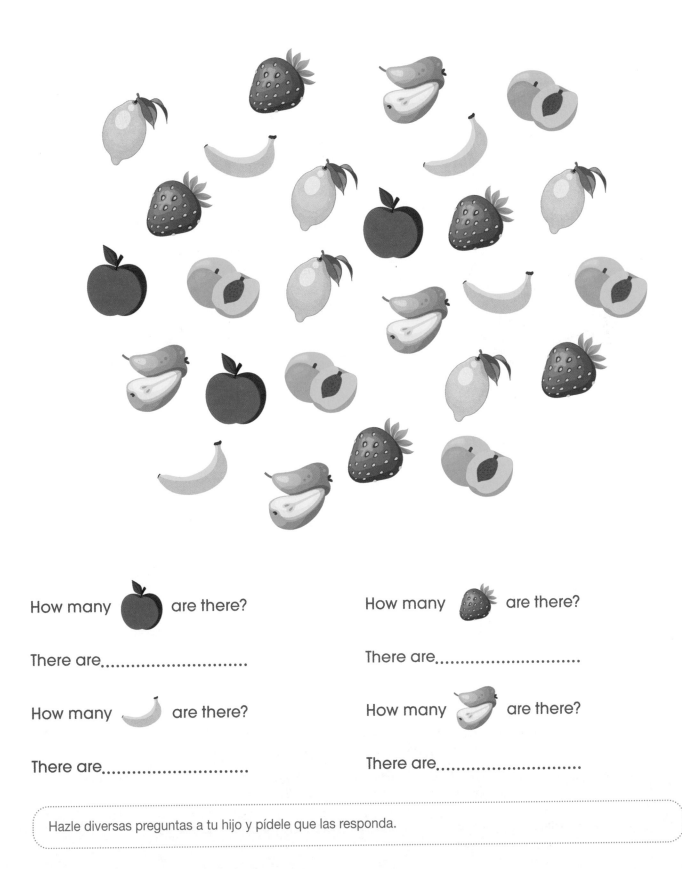

How many 🍎 are there?

There are................................

How many 🍓 are there?

There are................................

How many 🍌 are there?

There are................................

How many 🍐 are there?

There are................................

Hazle diversas preguntas a tu hijo y pídele que las responda.

Mi imaginario: my kitchen

Mi cocina

a fridge	a cooker	a saucepan
a sink	a fork	a knife
a spoon	a glass	a plate

Nombrar → **Listen and touch** → El niño escucha y señala en el imaginario.
Descarga las palabras en ellibrero.com/montessori.

Señalar → **Touch and say** → El niño coloca la tarjeta de vocabulario encima de la imagen en blanco y negro y pronuncia la palabra.

Identificar → **What is it?** → El niño elige una tarjeta de vocabulario y pronuncia la palabra.

"Let's go shopping!" cards

Las tarjetas del juego "¡Vamos de compras!"

Shopping list

Shopping list

Let's go shopping!

"¡Vamos de compras!"

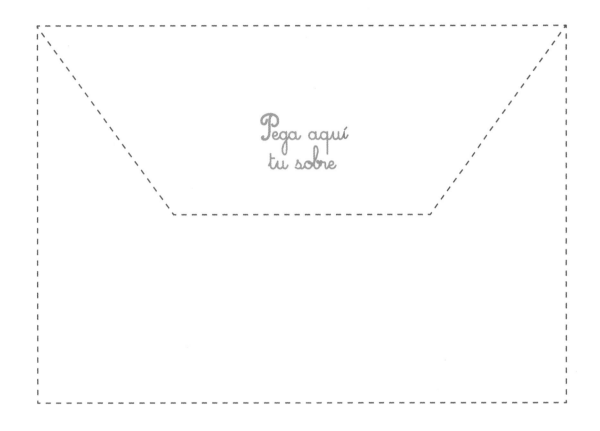

Pega aquí
tu sobre

Empieza recortando las tarjetas de la página 57.
Este juego se juega de dos en dos. Cada jugador toma una canasta
y una lista de compras. Las tarjetas que representan los diferentes
productos están dispuestas sobre la mesa boca abajo.
El primer jugador da la vuelta a una tarjeta, dice el nombre y la pone
en su canasta si corresponde a un artículo de su lista de compras.
De lo contrario, la deja otra vez sobre la mesa, boca abajo.
Ahora le toca al segundo jugador.
El juego prosigue de este modo hasta que uno
de los jugadores haya llenado su canasta.
Cuando la llene, ¡habrá ganado!

6 to 10 with the number rods

Del 6 al 10 con las barras numéricas

Let's count! ¡Vamos a contar!

One, two, three, four, five, six... it's six!

One, two, three, four, five, six, seven... it's seven!

One, two, three, four, five, six, seven, eight... it's eight!

One, two, three, four, five, six, seven, eight, nine... it's nine!

One, two, three, four, five, six, seven, eight, nine, ten... it's ten!

Touch and say! ¡Señala y luego di qué número es!

Pronuncia una primera vez los números, mientras se los muestras a tu hijo, y luego pídele que diga a qué número corresponde la barra numérica.

Number rods cards

Las barras numéricas

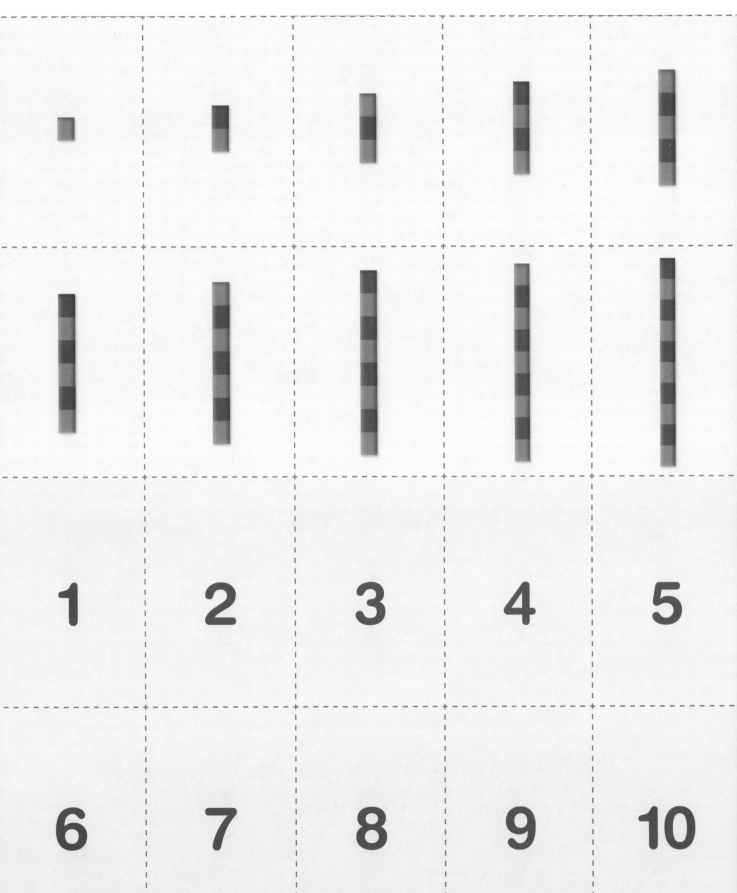

Number rods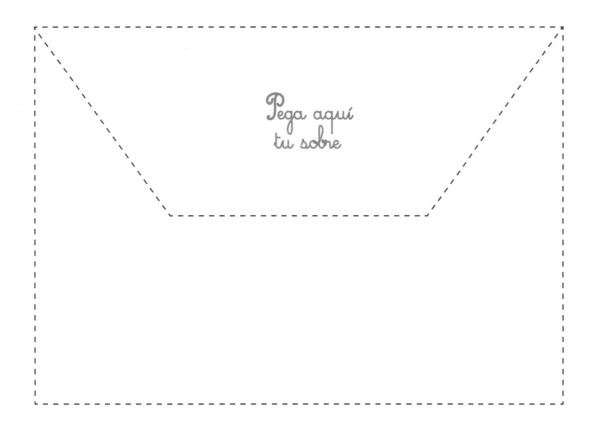

Las barras numéricas

> Pega aquí
> tu sobre

Recorta las barras numéricas de la página 61 y practica contándolas. Luego puedes asociar a cada barra un número, a la vez que lo nombras.

Mi imaginario: in town

En la ciudad

the train station

the park

the museum

the cinema

the library

the post office

the bank

the bookshop

the grocery

Nombrar → **Listen and touch** → El niño escucha y señala en el imaginario.
Descarga las palabras en ellibrero.com/montessori.

Señalar → **Touch and say** → El niño coloca la tarjeta de vocabulario encima de la imagen en blanco y negro y pronuncia la palabra.

Identificar → **What is it?** → El niño elige una tarjeta de vocabulario y pronuncia la palabra.

Humpty Dumpty

Humpty Dumpty
Sat on a wall,
Humpty Dumpty
Had a great fall.

All the king's horses
And all the king's men
Couldn't put Humpty
Together again.

Humpty Dumpty
estaba sentado sobre un muro,
Humpty Dumpty
se cayó desde lo alto.

Todos los caballos del rey
y todos los soldados del rey
no lograron
recomponer a Humpty.

No olvides descargar la canción en inglés en ellibrero.com/montessori.

Mi imaginario: jobs 👆❓

Los oficios

a doctor	a postman	a teacher
a painter	a dentist	a policeman
a singer	an actor	a writer

Nombrar → **Listen and touch** → El niño escucha y señala en el imaginario.
Descarga las palabras en ellibrero.com/montessori.

Señalar → **Touch and say** → El niño coloca la tarjeta de vocabulario encima de la imagen en blanco y negro y pronuncia la palabra.

Identificar → **What is it?** → El niño elige una tarjeta de vocabulario y pronuncia la palabra.

Where are they?

¿Dónde están?

Pídele a un adulto que te lea cada frase, y luego únela a la imagen que le corresponde.

The doctor is at the park. ● ●

The postman is at the bank. ● ●

The singer is at the grocery. ● ●

The policeman is at the train station. ● ●

The actor is at the museum. ● ●

The writer is at the library. ● ●

The teacher is at the bookshop. ● ●

The painter is at the post office. ● ●

Pídele a tu hijo que observe las frases y que identifique las palabras que haya visto en sus imaginarios.

Mi imaginario: transport
Los transportes

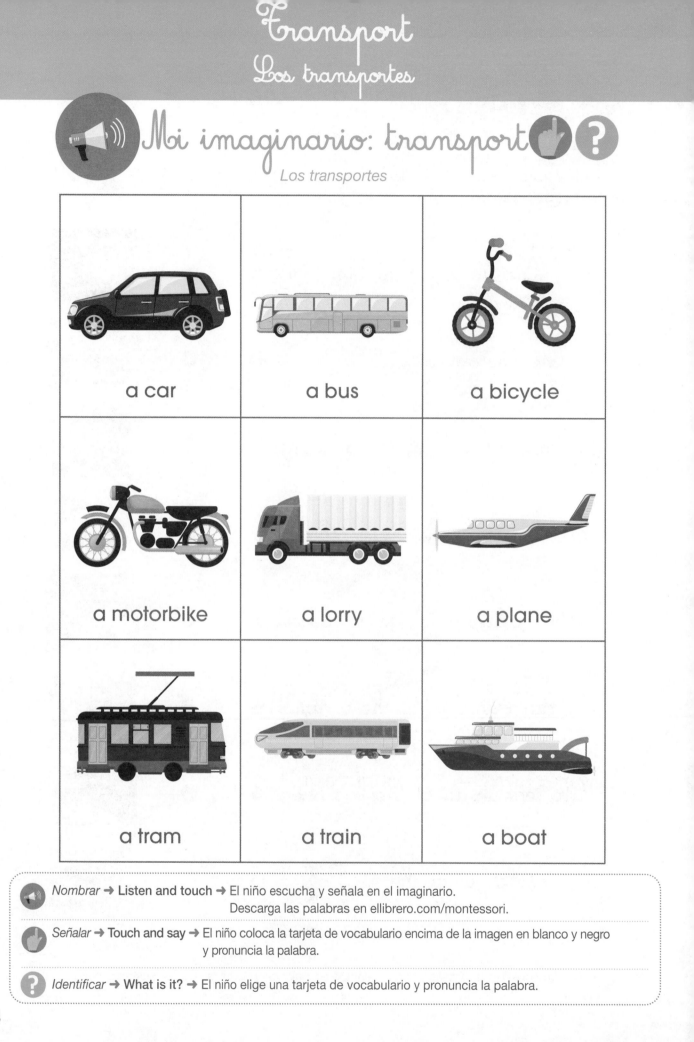

a car

a bus

a bicycle

a motorbike

a lorry

a plane

a tram

a train

a boat

Nombrar → **Listen and touch** → El niño escucha y señala en el imaginario.
Descarga las palabras en ellibrero.com/montessori.

Señalar → **Touch and say** → El niño coloca la tarjeta de vocabulario encima de la imagen en blanco y negro y pronuncia la palabra.

Identificar → **What is it?** → El niño elige una tarjeta de vocabulario y pronuncia la palabra.

Mi imaginario: at school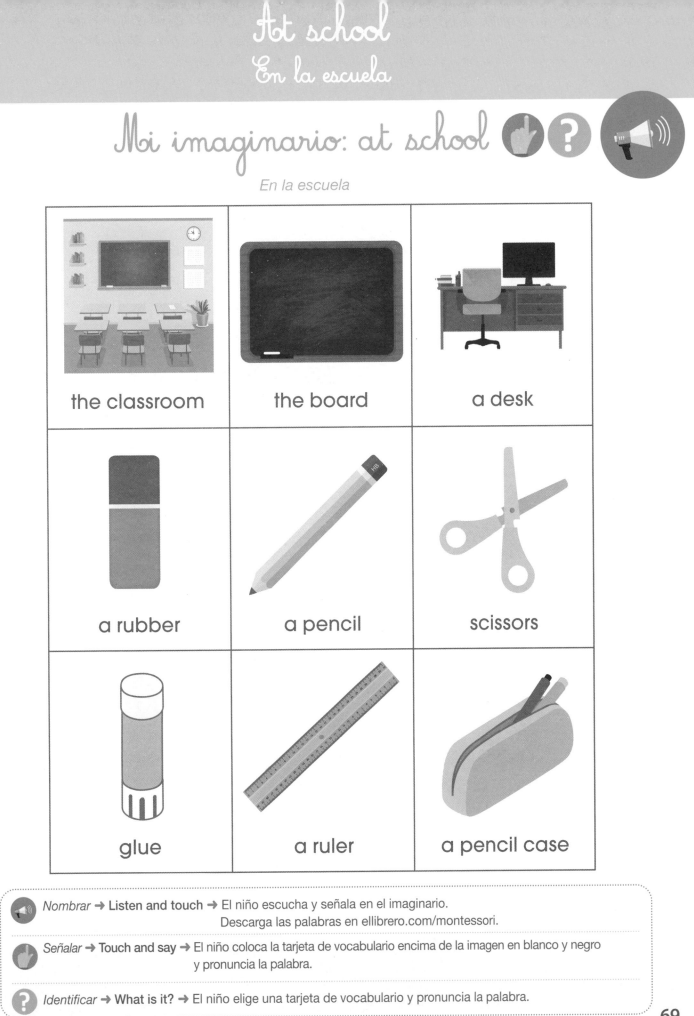

En la escuela

the classroom	the board	a desk
a rubber	a pencil	scissors
glue	a ruler	a pencil case

Nombrar → **Listen and touch** → El niño escucha y señala en el imaginario.
Descarga las palabras en ellibrero.com/montessori.

Señalar → **Touch and say** → El niño coloca la tarjeta de vocabulario encima de la imagen en blanco y negro y pronuncia la palabra.

Identificar → **What is it?** → El niño elige una tarjeta de vocabulario y pronuncia la palabra.

Geometric shapes

Las formas geométricas

¡Diviértete dibujando estas formas por toda la página, utilizando distintos colores!

círculo

cuadrado

triángulo

"Let's create shapes" cards

Las tarjetas del juego "Vamos a crear formas"

Let's create shapes

Vamos a crear formas

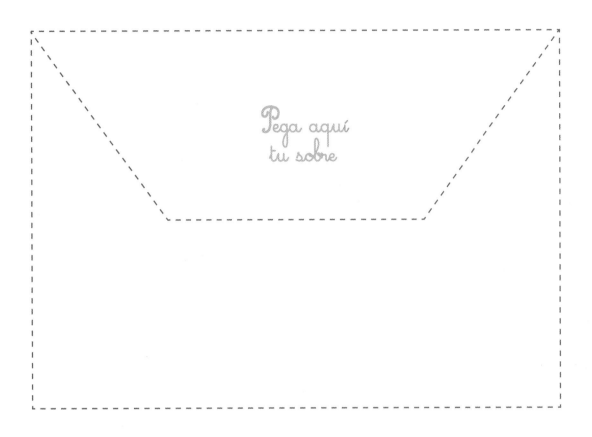

Recorta las formas geométricas de la página 71 ¡y luego superponlas para crear preciosos motivos!

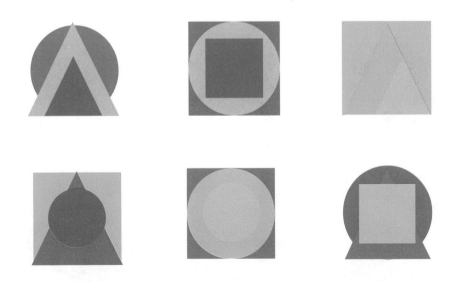

Movable alphabet

El alfabeto móvil

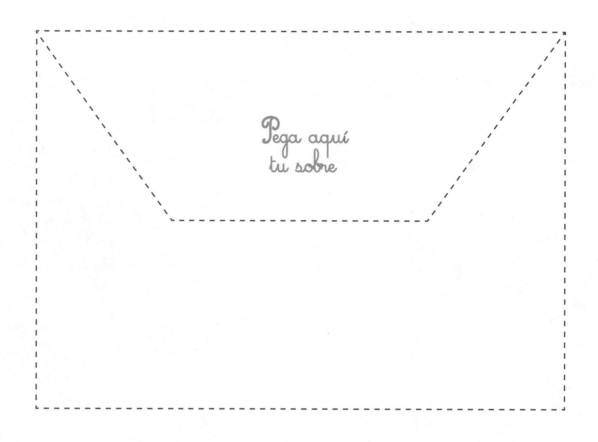

Pega aquí
tu sobre

Recorta las letras del alfabeto móvil que encontrarás al final del libro y guárdalas en el sobre. Las utilizarás para componer palabras

Let's write words with the movable alphabet

Vamos a escribir palabras con el alfabeto móvil

Toma las letras del alfabeto móvil que necesites y, a continuación, reescribe las diferentes palabras con estas letras. Luego dobla la página del libro, ocultando así la parte de color gris, para que puedas escribir la palabra tú solo.

		cat
		bed
		arm
		hat
		toy
		motorbike
		cake

Pídele a tu hijo que pronuncie las palabras varias veces antes de empezar a escribirlas con las letras del alfabeto móvil.

doctor		
sister		
banana		
flower		
kitchen		
library		
hamster		
chocolate		
policeman		

		park
		fish
		nose
		table
		ruler
		lemon
		actor
		plane
		garden

Mi imaginario: physical exercises

Las actividades físicas

cycling	swimming	skiing
running	horse riding	football
tennis	basketball	volleyball

Nombrar → **Listen and touch** → El niño escucha y señala en el imaginario.
Descarga las palabras en ellibrero.com/montessori.

Señalar → **Touch and say** → El niño coloca la tarjeta de vocabulario encima de la imagen en blanco y negro y pronuncia la palabra.

Identificar → **What is it?** → El niño elige una tarjeta de vocabulario y pronuncia la palabra.

Memory game cards

Las tarjetas del juego de memoria

cycling

swimming

skiing

horse riding

football

basketball

volleyball

tennis

Memory game

Juego de memoria

Pega aquí
tu sobre

Empieza recortando las tarjetas de la página 79.
Este juego se juega de dos en dos.
Coloca las tarjetas sobre la mesa boca abajo y desordenadas, poniendo
a un lado las tarjetas con imágenes y, en el otro, las que tienen palabras.
El primer jugador da la vuelta a dos tarjetas, una con una imagen y otra
con una palabra. Si las dos tarjetas se refieren al mismo deporte, el jugador
se las queda y puede dar la vuelta a otras dos tarjetas. De lo contrario,
le toca al segundo jugador sacar dos tarjetas.
Cuando se hayan formado todos los pares,
¡el jugador que tiene más tarjetas
es el que gana la partida!

Mi imaginario: my pets

Mis animales de compañía

a cat	a dog	a rabbit
a guinea pig	a tortoise	a goldfish
a bird	a squirrel	a hamster

Nombrar → **Listen and touch** → El niño escucha y señala en el imaginario.
Descarga las palabras en ellibrero.com/montessori.

Señalar → **Touch and say** → El niño coloca la tarjeta de vocabulario encima de la imagen en blanco y negro y pronuncia la palabra.

Identificar → **What is it?** → El niño elige una tarjeta de vocabulario y pronuncia la palabra.

Animal puzzle

Rompecabezas de animales

Nombra estos animales y luego dibuja la parte que falta.

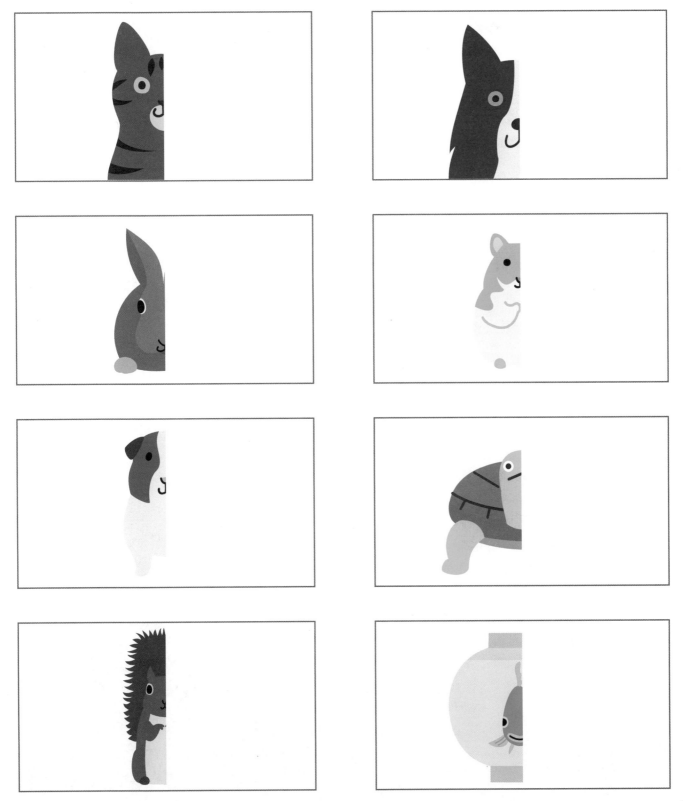

Pussycat, pussycat

"Pussycat, pussycat,
Where have you been?"

—Gatito, gatito,
¿adónde fuiste?

"I've been to London
To look at the Queen."

—Fui a Londres
a ver a la reina.

"Pussycat, pussycat,
What did you do there?"

—Gatito, gatito,
¿qué hiciste allí?

"I frightened a little mouse
Under her chair."

—Asusté a un ratoncito
que estaba bajo su silla.

No olvides descargar la canción en inglés en ellibrero.com/montessori..

84

Mi imaginario: at the farm

En la granja

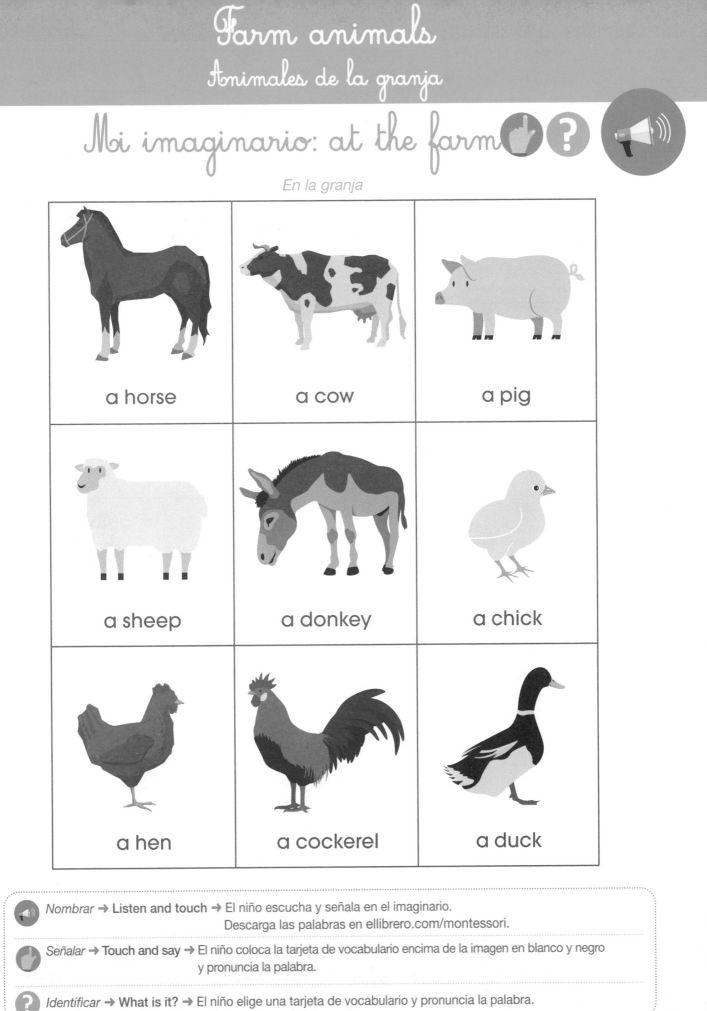

a horse

a cow

a pig

a sheep

a donkey

a chick

a hen

a cockerel

a duck

Nombrar → **Listen and touch** → El niño escucha y señala en el imaginario.
Descarga las palabras en ellibrero.com/montessori.

Señalar → **Touch and say** → El niño coloca la tarjeta de vocabulario encima de la imagen en blanco y negro y pronuncia la palabra.

Identificar → **What is it?** → El niño elige una tarjeta de vocabulario y pronuncia la palabra.

Opposite words ☝❓

Small	Big

Slow	Fast

Low	High

Short	Long

Thin	Fat

Dirty	Clean

Make sentences!

¡Forma frases!

The horse is fast but the tortoise is slow.

El caballo es rápido, pero la tortuga es lenta.

The .... is ....

but the .... is ....

Empieza pidiendo a tu hijo que nombre a los animales. Le puede resultar útil usar las tarjetas de vocabulario.

Mi imaginario: at the zoo

En el zoológico

a rhinoceros	a hippopotamus	a zebra
a kangaroo	a lion	an elephant
a giraffe	a tiger	a monkey

Nombrar → **Listen and touch** → El niño escucha y señala en el imaginario.
Descarga las palabras en ellibrero.com/montessori.

Señalar → **Touch and say** → El niño coloca la tarjeta de vocabulario encima de la imagen en blanco y negro y pronuncia la palabra.

Identificar → **What is it?** → El niño elige una tarjeta de vocabulario y pronuncia la palabra.

Tall or small?

¿Grande o pequeño?

Colorea de violeta los animales pequeños y de azul, los grandes.

How many animals?

¿Cuántos animales hay?

Rodea con un círculo la respuesta correcta.

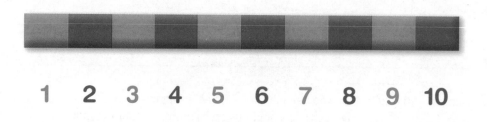

1   2   3   4   5   6   7   8   9   10

Where do we speak English?

¿Dó se habla inglés?

Lee las frases de cada pequeño personaje y pídele a tu hijo que señale en qué país vive. Luego le puedes indicar un país y preguntarle dónde vive ese personaje.

Can you find the continents?

¿Puedes encontrar los continentes?

Con la ayuda de las imágenes con el nombre, pinta cada continente del color que le corresponde en el mapa y en los globos terráqueos de la página siguiente.

Europe

Africa

Asia

Australia

South America

North America

Europe
and Africa

Asia

Australia

North America

South America

Si tienes un globo terráqueo, pídele a tu hijo que busque estos continentes y que los nombre.

Make your own flags!

¡Haz tus propias banderas!

*Pega aquí
tu sobre*

Pídele a un adulto que te lea el nombre de cada país. Así podrás empezar a aprendértelos.

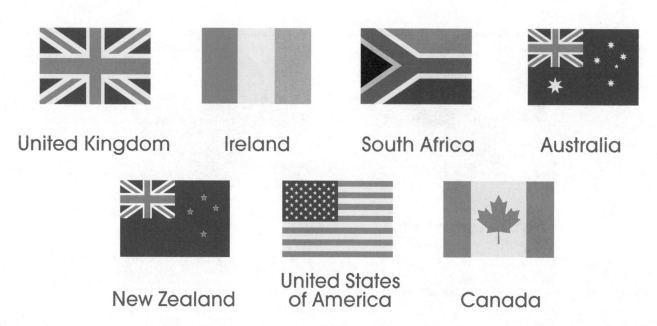

United Kingdom   Ireland   South Africa   Australia

New Zealand   United States of America   Canada

"Make your own flags!" cards

Las tarjetas del juego "¡Haz tus propias banderas!"

Colorea las banderas con la ayuda de la página de la izquierda. Luego recorta los rectángulos por las líneas de puntos. Cuidado: no cortes las tiras grises, ya que permiten saber dónde debes situar los palillos. Dobla y luego pega cada etiqueta alrededor de un palillo (después de quitarle la punta): ¡así tendrás una pequeña bandera! Cuando sepas reconocer cada país, podrás poner cada bandera en el mapamundi.

Goodbye!

¡Adiós!

Hi my friend!

Well done!

Now, you know many words in English but also many things about the world you live in.

Keep practising regularly.

Sometimes, ask your parents if you can watch documentaries or films for your age in English; this will help you a lot.

Goodbye!

¡Hola, amigo mío!

¡Bien hecho!

Ahora conoces muchas palabras en inglés y también sabes muchas cosas sobre el mundo en el que vives.

Sigue practicando regularmente.

De vez en cuando, pídeles a tus padres que te dejen ver documentales o películas para tu edad en inglés. ¡Eso te ayudará muchísimo!

¡Adiós!

A

Actor / actor
Africa / África
alphabet / alfabeto
animal / animal
Antartica / Antártida
anteater / oso hormiguero
apple / manzana
arm / brazo
Asia / Asia
asian elephant / elefante asiático
attic / desván
aunt / tía
Australia / Australia
autumn / otoño

B

back / espalda
ball / balón
banana / plátano
bank / banco
basketball / basquetbol
bat / murciélago
bathroom/ cuarto de baño
bear / oso
beaver / castor
bed / cama
bedroom / habitación
bedside table / buró
bee / abeja
behind / detrás
bicycle / bicicleta
bird / pájaro

bizon / bisonte
black / negro
blue / azul
board / pizarrón
boat / barco
body / cuerpo
bookshop / librería
boots / botas
box / caja
boy / niño
bread / pan
brother / hermano
butter / mantequilla
butterfly / mariposa

C

cake / pastel
cap / gorra
car / coche
card / tarjeta
carpet / alfombra
cat / gato
cereal / cereal
chair / silla
cheek / mejilla
cheese / queso
cherry / cereza
chest of drawers / cómoda
chick / pollito
chicken / pollo
chimney / chimenea
chocolate milk / chocolate con leche
Christmas / Navidad
cinema / cine
circle / círculo

classroom / aula
clock / reloj
cloudy/ nublado
coat/ abrigo
cobra / cobra
cockerel/ gallo
colour / color
continent / continente
cook (to) / cocinar
cooker / estufa
couch / sofá
cousin / primo
cow / vaca
cry (to) / llorar
cupboard / armario
curtains / cortinas
cycling / ciclismo

D

dance / baile
dentist / dentista
desk / escritorio
dining room / comedor
doctor / médico (a)
dog / perro
donkey / asno
door / puerta
dress / vestido
duck / pato
duvet / edredón

E

ear / oreja
Easter / Pascua
eat(to) / comer
egg / huevo

eight / ocho
elephant / elefante
empty / vacío
Europe / Europa
evening / tarde
eye / ojo

F

family / familia
farm / granja
father / padre
finger / dedo
fish / pez
flag / bandera
flower / flor
food / alimentos
foot / pie
football / futbol
fork / tenedor
four / cuatro
fox / zorro
Friday / viernes
fridge / refrigerador
frog / rana
fruit / fruta(s)
fruit juice / jugo de fruta

G

game / juego
garden / jardín
geometric / geométrico
giraffe / jirafa
girl / niña
glass / vaso
gloves / guantes
glue / pegamento

goldfish / pez dorado
grandfather / abuelo
grandmother / abuela
grapes / uvas
green / verde
grey / gris
grocery / tienda de
  abarrotes
guinea pig / conejillo
  de Indias
gull / gaviota

H

hair / pelo
Halloween / Halloween
ham / jamón
hamster / hámster
hand / mano
hat / sombrero
head / cabeza
hedgehog / erizo
hello / hola
hen / gallina
hexagon / hexágono
hippopotamus /
  hipopótamo
holiday / día festivo,
  vacaciones
honey / miel
horse / caballo
horseriding/ equitación
house / casa

I

igloo / iglú
iguana / iguana
in front of / enfrente de

J

jacket / chaqueta
jar / tarro

K

kangaroo / canguro
king / rey
kitchen / cocina
knee / rodilla
knife / cuchillo
koala / koala

L

lama / lama
lamp / lámpara
leaf / hoja
leg / pierna
lemon / limón
library / biblioteca
lion / león
living room / sala de estar
lorry / camión

M

man / hombre
map / mapa
me / yo
meal / comida
milk / leche
mirror / espejo
Monday / lunes
monkey / mono
moon / luna
morning / mañana
mother / madre
motorbike / motocicleta
mouth / boca
movable / móvil
museum / museo
my / mi

N

neck / cuello
next to / al lado de
night / noche
nine / nueve
North America / América
  del Norte
nose / nariz
number rods / barras
  numéricas
nurse / enfermera (o)

O

octopus / pulpo
old / viejo
on / encima
one / uno
open / abierto
opposite / contrario
orange / naranja
over / por encima de

P

paint (to) / pintar, pintura
painter / pintor (a)
panda / panda
park / parque
pasta / pasta
pea / guisante
peach / durazno
pear / pera
pencil / lápiz
pencil case / estuche
penguin / pingüino
picture / imagen
pig / cerdo
pillow / almohada
pink / rosa

plane / avión
plant (to) / plantar, planta
plate / plato
policeman / policía
post office / oficina de
  correos
postman / cartero
purple / violeta
puzzle / rompecabezas

Q

queen / reina

R

rabbit / conejo
raccoon / mapache
raining (it's) / llueve
red / rojo
rhinoceros / rinoceronte
rhymes / canciones
rice / arroz
ring / anillo
rock / roca
roof / tejado
royal eagle / águila real
rubber / goma
rug / alfombra
ruler / regla
run (to) / correr
running / correr

S

Saturday / sábado
saucepan / cacerola
scarf / bufanda
school / escuela
scissors / tijeras
seasons / estaciones

seven / siete

shape / forma

sheep / oveja

shelf / estantería

shoes / zapatos

shorts / *shorts*

shoulder / hombro

singer / cantante

sink / fregadero

sister / hermana

six / seis

skiing / esquiar

skirt / falda

sleep (to) / dormir, sueño

slug / babosa

small / pequeño

smile (to) / sonreír

snail / caracol

snowing (it's) / nieva

socks / calcetines

sound / sonido

South America / América del Sur

spoon / cuchara

sport / deporte

spring / primavera

square / cuadrado

squirrel / ardilla

stairs / escalera

strawberry / fresa

summer / verano

sun / sol

Sunday / domingo

sunglasses / lentes de sol

sunny / soleado

superimposed / superpuesto

swimming / natación

T

T-shirt / camiseta

table / mesa

tall / alto

tarantula / tarántula

tea / té

teacher / maestro (a)

ten / diez

tennis / tenis

thermometer / termómetro

three / tres

Thursday / jueves

tiger / tigre

tights / mallas

today / hoy

toe / dedo del pie

tooth / diente

tortoise / tortuga

toucan / tucán

touch (to) / tocar

toy / juguete

train / tren

train station / estación de tren

trainers / tenis deportivos

tram / tranvía

tree / árbol

triangle / triángulo

trousers / pantalón

Tuesday / martes

two / dos

U

umbrella / paraguas

uncle / tío

under / debajo

V

van / camioneta

vegetables / verduras

violin / violín

volleyball / voleibol

W

walrus / morsa

wardrobe / armario ropero

wash (to) / lavar

water / agua

weather / tiempo

Wednesday / miércoles

week / semana

whale / ballena

wheel / rueda

window / ventana

winter / invierno

wolf / lobo

wonderful / maravilloso

word / palabra

world / mundo

writer / escritor (a)

X

x-ray / radiografía

Y

yellow / amarillo

yo-yo / yo-yo

yoghurt / yogur

Z

zebra / cebra

zip / cremallera

zoo / zoológico

Vocabulary cards to be cut out

Tarjetas de vocabulario para recortar

My body

Mi cuerpo

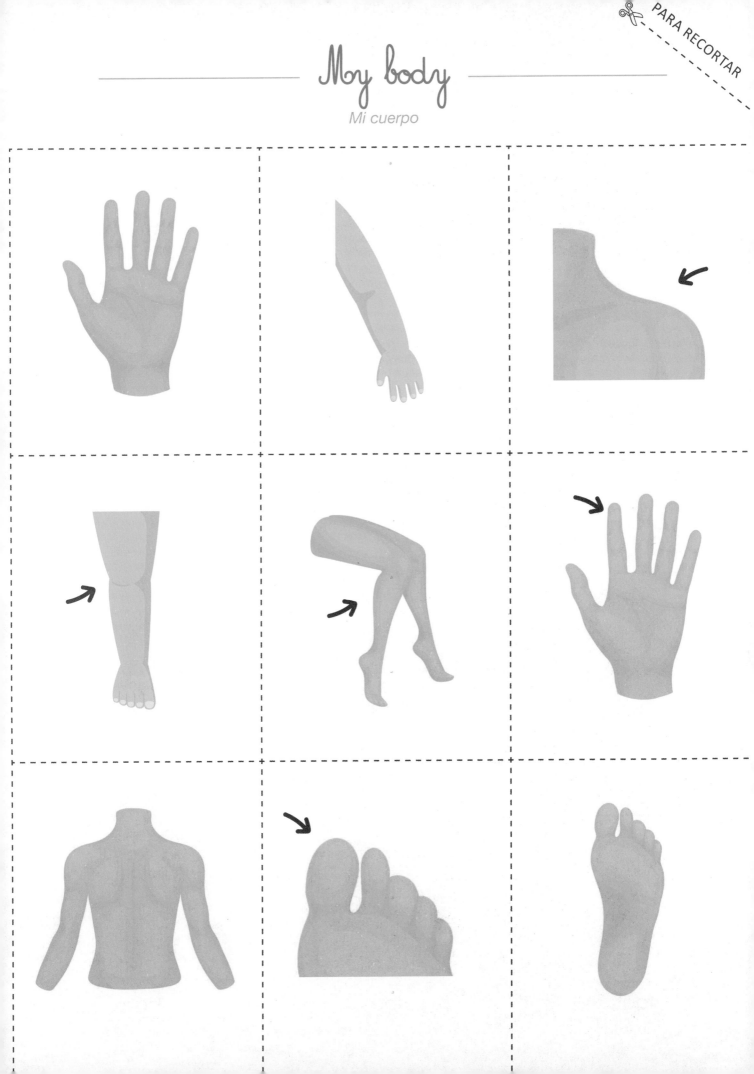

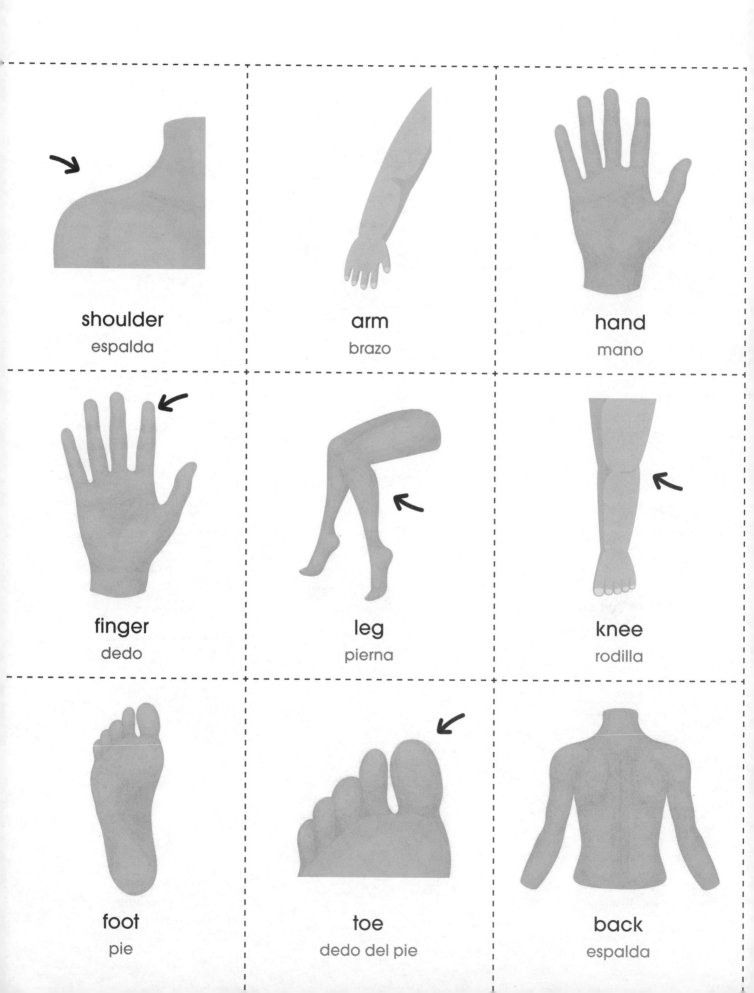

shoulder
espalda

arm
brazo

hand
mano

finger
dedo

leg
pierna

knee
rodilla

foot
pie

toe
dedo del pie

back
espalda

My face

Mi cara

head
cabeza

neck
cuello

ear
oreja

hair
pelo

eye
ojo

nose
nariz

mouth
boca

tooth
diente

cheek
mejilla

My clothes

Mi ropa

a coat

un abrigo

a jacket

una chaqueta

a T-shirt

una camiseta

a dress

un vestido

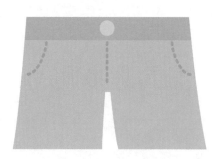

shorts

shorts

a skirt

una falda

trousers

pantalón

socks

calcetines

shoes

zapatos

My accessories

Mis accesorios

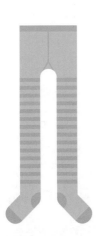

a cap
una gorra

sunglasses
lentes de sol

gloves
guantes

a scarf
una bufanda

a hat
un sombrero

an umbrella
un paraguas

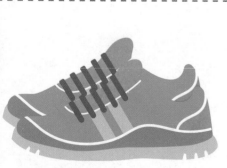

trainers
tenis deportivos

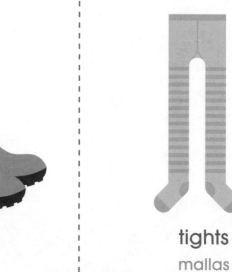

boots
botas

tights
mallas

My family

Mi familia

grandfather
abuelo

grandmother
abuela

mother
madre

father
padre

aunt
tía

uncle
tío

brother
hermano

sister
hermana

cousin
primo/prima

In my house

En mi casa

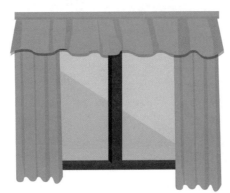

a chair
una silla

a table
una mesa

a couch
un sofá

a carpet
una alfombra

curtains
cortinas

a window
una ventana

a door
una puerta

a chimney
una chimenea

a cupboard
un armario

My bedroom

Mi habitación

a bed
una cama

a pillow
una almohada

a duvet
un edredón

a bedside table
un buró

a lamp
una lámpara

a shelf
una estantería

a chest of drawers
una cómoda

a wardrobe
un armario

a toy
un juguete

My kitchen

Mi cocina

a fridge
un refrigerador

a cooker
una estufa

a saucepan
una cacerola

a sink
un fregadero

a fork
un tenedor

a knife
un cuchillo

a spoon
una cuchara

a glass
un vaso

a plate
un plato

At school

En la escuela

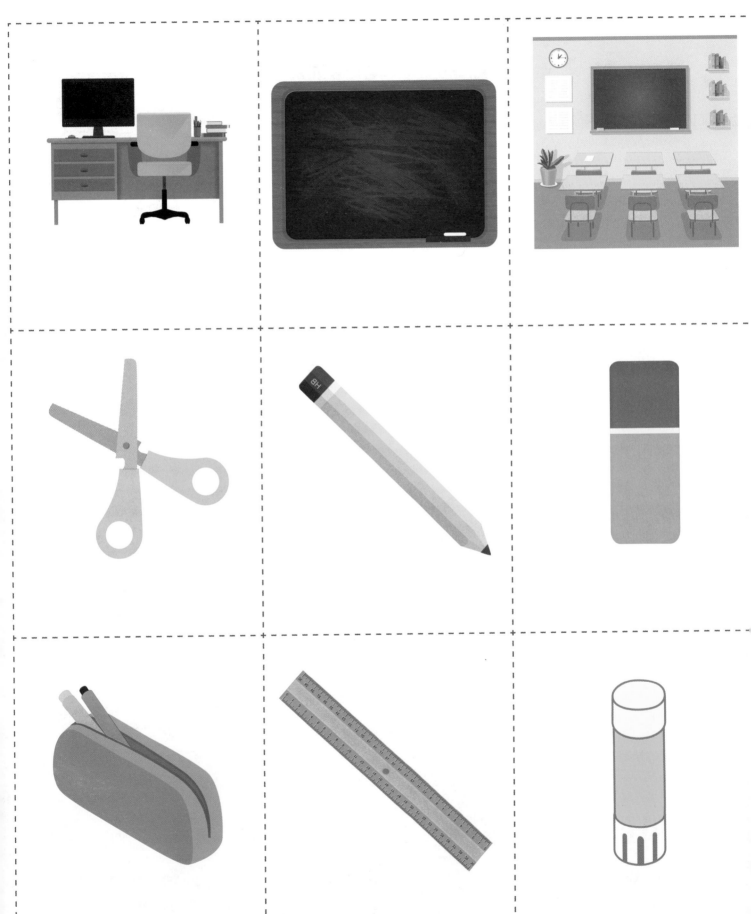

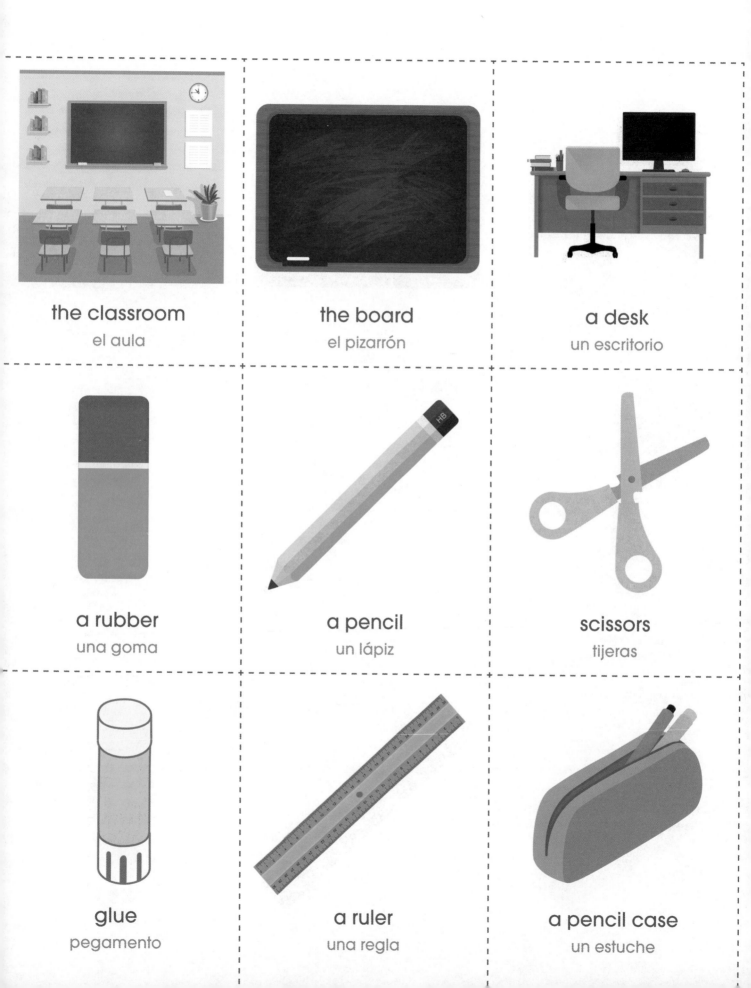

the classroom
el aula

the board
el pizarrón

a desk
un escritorio

a rubber
una goma

a pencil
un lápiz

scissors
tijeras

glue
pegamento

a ruler
una regla

a pencil case
un estuche

Sport

Los deportes

cycling
ciclismo

swimming
natación

skiing
esquí

running
correr

horse riding
equitación

football
futbol

tennis
tenis

basketball
basquetbol

volleyball
voleibol

My house

Mi casa

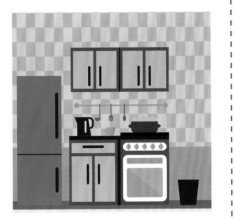

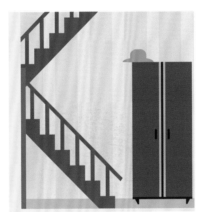

the garden
el jardín

the living room
la sala de estar

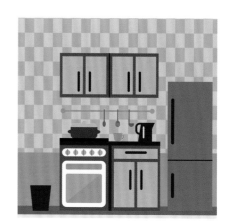

the kitchen
la cocina

the dining room
el comedor

the stairs
las escaleras

the bedroom
la habitación

the bathroom
el baño

the attic
el desván

the roof
el tejado

At breakfast

Para desayunar

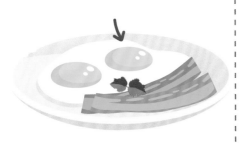

butter
mantequilla

bread
pan

cereal
cereal

chocolate milk
chocolate con leche

tea
té

egg
huevo

honey
miel

milk
leche

fruit juice
jugo de frutas

At lunch and dinner

Para comer y para cenar

rice
arroz

pasta
pasta

chicken
pollo

fish
pescado

ham
jamón

vegetables
verdura

cheese
queso

cake
pastel

yoghurt
yogur

Fruit

La fruta

an apple
una manzana

a banana
un plátano

a cherry
unas cerezas

grapes
uvas

a lemon
un limón

an orange
una naranja

a pear
una pera

a strawberry
una fresa

a peach
un durazno

In town

En la ciudad

the train station
la estación de tren

the park
el parque

the museum
el museo

the cinema
el cine

the library
la biblioteca

the post office
la oficina de correos

the bank
el banco

the bookshop
la librería

the grocery
la tienda de abarrotes

Jobs

Los oficios

a doctor
una doctora

a postman
un cartero

a teacher
un maestro

a painter
un pintor

a dentist
un dentista

a policeman
un policía

a singer
un cantante

an actor
un actor

a writer
una escritora

Transport

Los medios de transporte

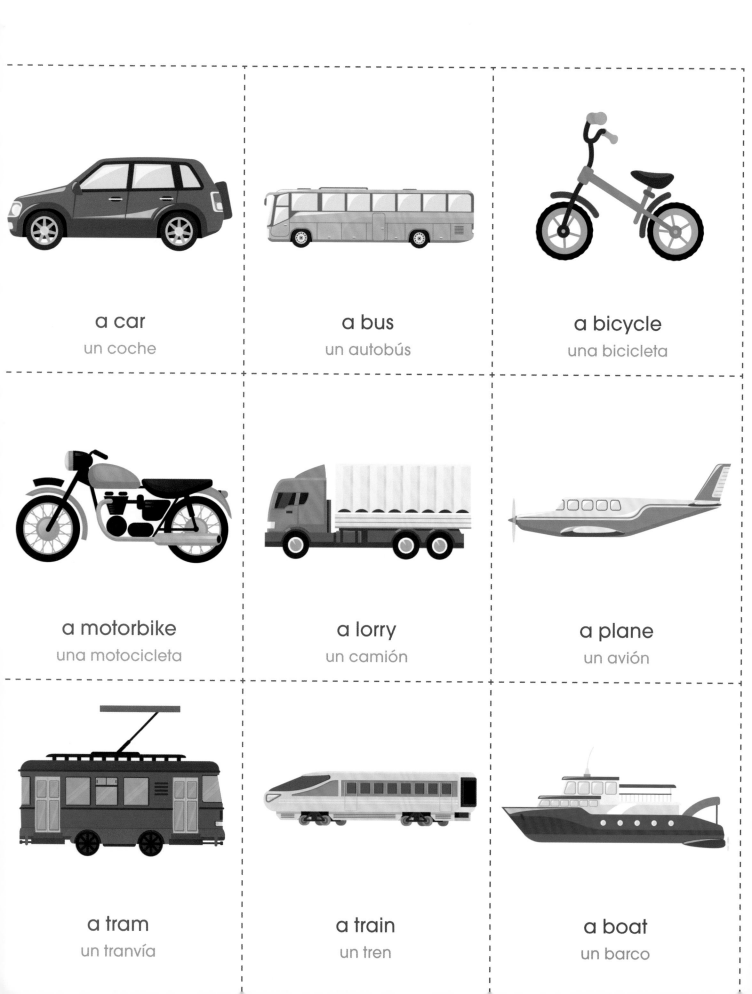

a car
un coche

a bus
un autobús

a bicycle
una bicicleta

a motorbike
una motocicleta

a lorry
un camión

a plane
un avión

a tram
un tranvía

a train
un tren

a boat
un barco

My pets

Mis animales de compañía

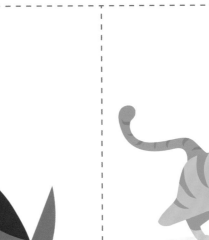

a cat

un gato

a dog

un perro

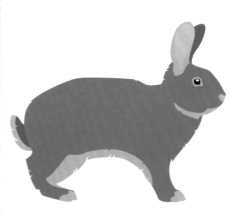

a rabbit

un conejo

a guinea pig

un conejo de Indias

a tortoise

una tortuga

a goldfish

un pez dorado

a bird

un pájaro

a squirrel

una ardilla

a hamster

un hámster

At the farm

En la granja

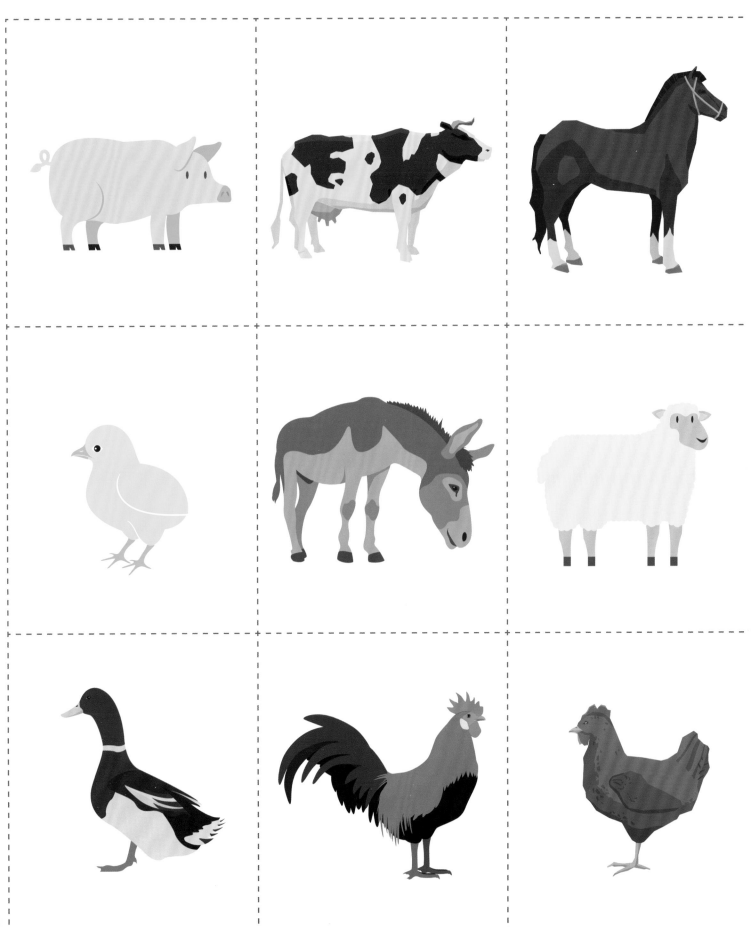

a horse

un caballo

a cow

una vaca

a pig

un cerdo

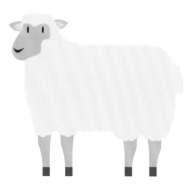

a sheep

una oveja

a donkey

un asno

a chick

un pollito

a hen

una gallina

a cockerel

un gallo

a duck

un pato

At the zoo

En el zoológico

a rhinoceros

un rinoceronte

a hippopotamus

un hipopótamo

a zebra

una cebra

a kangaroo

un canguro

a lion

un león

an elephant

un elefante

a giraffe

una jirafa

a tiger

un tigre

a monkey

un mono

a	a	a	a	a	a
a	a	b	b	c	c
c	c	c	d	d	e
e	e	e	e	e	e
f	g	h	h	h	i
i	i	i	j	k	k
l	l	l	l	m	m

a	a	a	a	a	a
c	c	b	b	a	a
e	d	d	c	c	c
e	e	e	e	e	e
i	h	h	h	g	f
k	k	j	i	i	i
m	m	l	l	l	l

Alphabet

El alfabeto

m	n	n	n	n
o	o	o	o	o
p	p	q	r	r
r	r	r	s	s
s	t	t	t	t
t	u	v	w	x	y
z

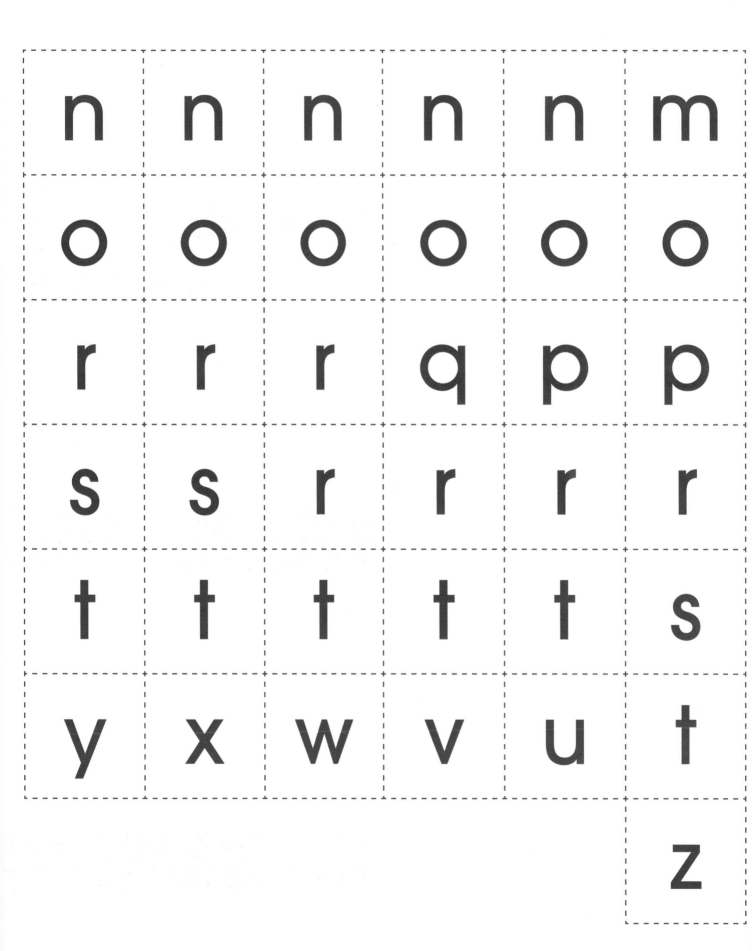